AF591281

LES

RÉCRÉATIONS PHOTOGRAPHIQUES

LES

RÉCRÉATIONS

PHOTOGRAPHIQUES

PAR

A. BERGERET & F. DROUIN

Collaborateurs de la *Science en Famille*

1re ÉDITION

avec 2 planches hors texte, tirées en Phototypie

et gravures dans le texte

PARIS

CH. MENDEL, ÉDITEUR

Librairie de la Science en Famille

118, RUE D'ASSAS, 118

1891

(C.)

LES

RÉCRÉATIONS PHOTOGRAPHIQUES

L'ART EN PHOTOGRAPHIE

Dans son étude de l'effet artistique en photographie, qui forme un des plus intéressants chapitres de son ouvrage : *la Photographie et la Chimie de la Lumière*, le professeur Vogel nous donne un tableau saisissant de la difficulté que l'on rencontre dans le portrait photographique, sur l'art de placer ses modèles et de leur donner l'expression propre au rôle que nous leur imposons.

« Il existe, dit-il, une jolie gravure de genre intitulée : « l'Amour « maternel. » Une jeune femme est assise dans un fauteuil et tient un livre à la main. Un enfant s'avance derrière elle et vient lui enlacer le cou dans ses bras. Joyeusement surprise, elle abaisse la main qui tient le livre, regarde l'enfant et lui tend la joue à baiser.

« Un photographe eut l'idée de produire une composition analogue en photographiant un groupe de modèles vivants, semblablement disposé. Une jolie fille consentit à tenir le rôle de la mère, et l'on arrangea le fauteuil, les meubles, en un mot les décors de la scène. La pseudo-mère se prêta volontiers aux intentions du photographe et se composa un visage qui pouvait passer à la rigueur pour l'expression de l'amour maternel. L'enfant n'était pas aussi bien disposé. Il ne se sentait rien moins qu'attiré vers la jeune femme et protestait énergiquement contre tout rapprochement. Il fallut même recourir aux coups pour le contraindre à prendre la pose voulue. Cependant le temps passait. La mère commençait à se sentir gênée de la position incommode qu'elle avait adoptée et de rester ainsi le cou tendu.

« Enfin on photographie. L'épreuve est nette et sans tache ; tous les détails sont parfaitement distincts, mais on voit que l'enfant vient d'être battu ; il embrasse sa mère comme s'il voulait l'étrangler, et elle le regarde d'un air sévère comme pour lui dire : « Charles, tu es bien mal élevé. » On dirait qu'elle est fâchée d'interrompre sa lecture.

« Est-il permis d'affirmer que cette composition répond aux intentions de l'auteur ? Est-on bien fondé à l'intituler : *Amour maternel ?* On reconnaîtra au premier coup d'œil la fausseté de l'image. »

Vogel a raison, l'image est fausse, mais la faute en est aux modèles et non pas au photographe, qui est l'esclave de ces derniers.

« Soit par mauvaise volonté, soit par faiblesse de nerfs ou par distraction, ils se dérobent souvent au moment décisif. Si leur pose ne bouge pas, c'est l'expression de leur visage qui change au moment où on les photographie. Le coquin veut avoir l'air d'un honnête homme, le vieillard désire paraître jeune, la servante se pose en noble demoiselle, la bourgeoise en grande dame, et ces mines de circonstance et d'emprunt ne rendent pas l'effet désiré. »

Nous sommes donc obligés de reconnaître que la photographie instantanée, qui saisit le modèle quand il ne s'en doute pour ainsi dire pas, donne des résultats bien plus vrais sous le rapport de l'expression de la figure ; mais l'instantané n'est pas toujours possible à l'atelier, et dans certains cas il peut y avoir intérêt à grouper ses modèles en plein air pour en faire un tableau.

Nous pourrions citer encore l'étude si savante de Robinson sur l'effet artistique en photographie, mais nous sortirions du cadre que nous nous sommes imposé. Nous conseillerons aux amateurs qui nous lisent de se reporter aux enseignements de ces maîtres en l'art photographique et de suivre leurs conseils, fruits d'une longue pratique, d'une observation constante et d'un goût indiscutable.

Nous donnons deux exemples de ces photographies artistiques : le premier est le portrait d'une fillette de trois ans, dans son coquet costume de soirée d'enfants à l'occasion du carnaval. L'expression de cette figure souriante a été obtenue pour ainsi dire sans que l'enfant s'en doute, c'est-à-dire prise *au naturel :* ces deux derniers mots expliqueraient à eux seuls toutes les règles de l'art.

Le second est une famille à la campagne. Il forme un tableau non moins saisissant. Nous y voyons nos modèles tels qu'ils sont habituellement, au milieu de leurs occupations ou de leurs loisirs.

Il n'est pas indispensable de photographier instantanément un tel groupe : le sujet peut être photographié avec le temps de pose nécessaire, à la seule condition que les modèles gardent leur expression naturelle, en un mot qu'ils « posent » le moins possible.

MM. Hermagis et Rossignol, en traitant de main de maître le même sujet, dans leur livre intitulé *les Excursions photographiques*, insistent sur ce point que le portrait fait en plein air, dans un milieu où le modèle est habitué, est plus artistique et plus vrai que celui fait à l'atelier. « Là, disent-ils, le modèle pose sans prétention. Son costume de tous les jours, où il est à l'aise, contribue d'ailleurs à rendre son attitude naturelle ou du moins exempte de gêne et de raideur; et, quant à l'expression *habituelle* qu'il faut toujours s'attacher à reproduire, comment le photographe de profession, qui ne connaît pas son modèle, pourrait-il mieux la saisir que le simple amateur avec lequel, au contraire, le modèle est depuis longtemps en relations familières ?

« Comparez, à l'occasion (et cette occasion est de plus en plus fréquente), deux portraits de la même personne exécutés l'un par un photographe dans un atelier, l'autre en plein air par un amateur quelque peu artiste, et chaque fois vous constaterez la préférence à peu près générale de la famille et des amis pour le portrait d'amateur, justement à cause de *l'expression* plus vraie sur celui-ci.

« C'est surtout dans les groupes de famille ou d'amis qu'on peut remarquer quelques expressions particulièrement heureuses, dues sans doute à la satisfaction d'une réunion d'intimes, à la joie intérieure d'un événement heureux, cause de cette réunion, etc., toutes conditions bien différentes de la fatigue et de l'ennui d'attendre son tour dans le salon du photographe, et de l'agacement nerveux qui lui succède, au moment de la pose, par suite des changements d'attitude et des déplacements de l'appuie-tête, des manœuvres de rideaux, substitutions de fonds et de réflecteurs, observations et recommandations de toute sorte, utiles et nécessaires sans doute, mais déplorables au point de vue de l'effet produit sur l'expression d'un modèle non aguerri ! »

L'ART DE GRIMER LES MODÈLES

Si fidèle qu'elle soit, la plaque sensible se laisse souvent duper, et le photographe en profite pour créer, à peu de frais, des scènes qui, une fois photographiées, ne laissent guère deviner le subterfuge. Un des meilleurs exemples que l'on en puisse donner est l'emploi des accessoires de pose, où les rochers en liège et les chevaux en carton donnent bel et bien l'illusion de la nature.

Nous donnerons, comme exemples de ce qu'on peut réaliser dans ce genre, les reproductions de quelques clichés pour l'obtention desquels ces détours, bien simples d'ailleurs, ont été mis à profit.

Voulez-vous, par exemple, faire un tableau à la Henner?

Le profil de cette douce figure de religieuse (fig. 1, p. 6) s'obtiendra sans difficulté : un mouchoir plié en bandeau sur le front, le voile noir jeté sur la tête et retombant sur les épaules, formeront tout l'apprêt de ce sujet de genre.

N'avez-vous qu'un bébé pour modèle? ne soyez pas plus embarrassé.

La planche 1 (en tête de cet ouvrage) nous est un charmant exemple de ce que l'on peut obtenir avec quelque peu de goût artistique. Un costume de carnaval, tel ceux que les mamans aiment à confectionner à leurs bébés pour les soirées enfantines, va nous fournir une bonne occasion d'exercer notre talent et de faire des heureux. Le tout est de bien placer notre sujet. Représentez-vous cette enfant debout, appuyée contre une chaise, ou assise dans un fauteuil, le tableau sera criard, tandis que ce modèle, assis sur une caisse tout ordinaire, au milieu d'une gerbe de paille, sera magnifiquement dans son rôle.

Voici encore une composition du même genre. Une simple couverture drapée autour de l'enfant (fig. 2, p. 7) nous a fourni le costume de mendiante que nous reproduisons ci-contre.

Avec un peu de bonne volonté de la part du petit modèle, qui saura se composer une expression de circonstance, on arrivera à un tableau plein de réalité.

Fig. 1.

N'omettons jamais, quand nous avons des camarades d'excursion, de leur donner une place, sinon un rôle, dans les sujets que nous reproduisons.

Leur présence nous sert d'échelle métrique si nous faisons un monument dont nous désirons faire ressortir les proportions grandioses (dans ce cas nous les plaçons tout près de ce monument); au contraire, placés tout près de nous, dans une vue panoramique, ils atténueront par leur présence la monotonie du premier plan, qui fait souvent tache noire; telle une interminable prairie, par exemple.

Nous disons d'autre part que le simple concours du voile noir

Fig. 2.

et d'un mouchoir blanc, entourant le front, la tête et les épaules, peut nous donner *une religieuse.* Croyez-vous que la présence de cette pseuso-carmélite, dans la cour d'un cloître, n'achèvera pas le tableau ? Jugez-en plutôt par la gravure figure 3, page 8.

Donc, d'une façon générale, utilisons nos aides, nos camarades d'excursion, et ne craignons pas d'en faire soit des fantômes comme dans l'exemple du cimetière qu'on trouvera plus loin, soit des capucins, comme nous avons eu l'occasion de le voir dans un splendide cliché du vieux cloître de Saint-Gengoult, à

Toul, où l'artiste avait su faire apparaître trois ou quatre personnages *de l'époque*, grâce à l'intervention de la pèlerine à capuchon que tous ses amis possédaient (1).

Fig. 3.

Mille applications de ce genre ont été faites ou sont encore à faire. Il nous suffira d'avoir indiqué le procédé à nos lecteurs pour qu'ils se chargent de les varier à l'infini.

(1) Ces trois jolis clichés sont dus à MM. Paul et Charles Thiry, de Nancy.

REPRODUCTIONS DIRECTES

La photographie offre un vaste champ de récréations, même à l'amateur qui n'est pas muni d'une chambre noire et d'un objectif. C'est ainsi que les étoffes, dentelles, les feuilles d'arbre, certaines fleurs, peuvent être reproduites par contact, le seul matériel nécessaire étant un châssis-presse. Pour toutes ces reproduc-

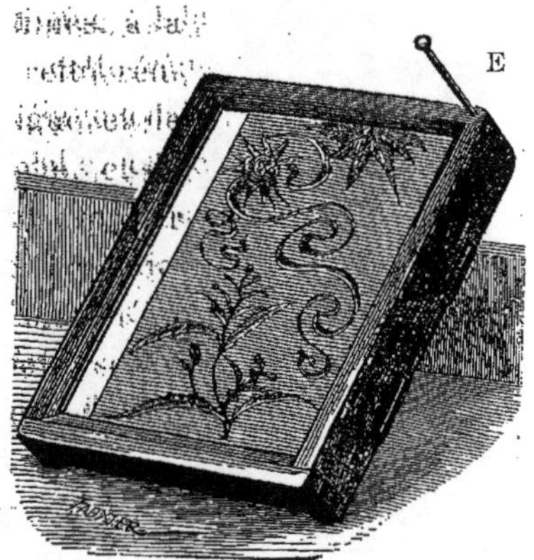

Fig. 4.

tions, on se contente ordinairement d'un négatif, qui donne en blanc sur fond noir le sujet à reproduire.

Pour la reproduction des dentelles, on doit, si elles ont une certaine épaisseur, opérer en plein soleil, et tenir le châssis bien perpendiculairement aux rayons lumineux. On arrive facilement à ce résultat en piquant dans le châssis (fig.4) une épingle E, et en tenant le châssis à la main de façon à ce que l'ombre de la tête de cette épingle vienne se projeter exactement sur le point où elle est piquée.

En ce qui concerne les reproductions de feuilles, il est bon, avant de mettre celles-ci en contact avec le papier sensible, de les exposer au soleil dans le châssis pendant une demi-heure, en les recouvrant de plusieurs épaisseurs de papier buvard; de la sorte, elles sèchent suffisamment pour ne pas altérer le papier sensible.

En employant du papier au ferro-prussiate, dont la manipulation est extrêmement simple et peu coûteuse, on peut faire des collections de feuilles qui sont d'un fort joli effet. Nous donnons ci contre (fig. 5) la reproduction d'une feuille de framboisier, qui présente un cas de polymorphisme, assez fréquent du reste (elle résulte de la soudure de la feuille supérieure avec l'une des

Fig. 5.

feuilles latérales). Le temps de pose varie, naturellement, suivant la transparence de la feuille, et l'on doit surveiller attentivement l'image, pour l'arrêter au moment où tous les détails des nervures sont apparus.

Pour plus de commodité, on colle quelquefois les feuilles sur la glace du châssis.

On trouve souvent, dans les fossés des bois, de magnifiques squelettes de feuilles qui se sont formés par suite de la décompo-

Fig. 6.

sition lente de l'épiderme. Ces squelettes forment une délicate dentelle, qui donne, au châssis-presse, de fort belles reproductions. On peut, du reste, obtenir artificiellement ces squelettes de feuilles, par l'un des procédés suivants :

1° Frapper pendant quelque temps, avec une brosse à habits, en crin, le dessus de la feuille posée à plat sur le genou ;

2° Faire bouillir les feuilles dans l'eau de savon, ou dans une solution de carbonates alcalins, jusqu'à ce que l'épiderme s'en détache facilement ; l'enlever alors avec un petit scalpel, puis détacher le parenchyme avec le doigt ou avec une petite brosse, en plaçant la feuille dans l'eau. Sécher enfin dans du papier buvard.

On peut, lorsqu'on prépare le squelette par le premier de ces procédés, réserver sur la feuille, des lettres, des dessins, que l'on a découpés dans du papier et collés sur celle-ci. La brosse ne traverse pas ces parties, qui viennent en blanc lorsqu'on fait le tirage au châssis-presse. On peut obtenir ainsi des effets variés, et employer les photographies de feuilles comme motifs, culs-de-lampes, etc., etc.

Nous donnons (fig. 6, p. 11) une reproduction, par la photogravure, d'une épreuve obtenue d'une façon un peu différente. Le fond a été tiré en exposant une feuille de lierre devant un papier sensible, après avoir ménagé au milieu de cette feuille un espace blanc au moyen d'un contre-dégradateur. Sur la partie ainsi restée sensible, on a tiré ensuite le portrait en dégradé.

PHOSPHORESCENCE ET PHOTOGRAPHIE

La lumière émise par les corps phosphorescents est la plupart du temps photogénique : Warnercke a même pris comme étalon de lumière, pour son sensitomètre, une plaque phosphorescente exposée pendant un temps donné à une distance connue, d'une flamme de magnésium.

L'une des substances phosphorescentes les plus employées est le sulfure de calcium ; mais il n'est phosphorescent que lorsqu'il est mélangé de petites quantités de bismuth. Ainsi, on obtient un sulfure possédant une belle phosphorescence violette, si l'on calcine ensemble :

Chaux de la coquille de *Hypopus vulgaris* .	100
Soufre.	30
Sous-nitrate de bismuth.	0,02

On peut aussi obtenir une chaux qui convient à la préparation ci-dessus en calcinant 100 parties de carbonate de chaux, imprégné d'une solution qui contient 2 parties de carbonate de soude et 0,12 de chlorure de sodium.

On trouve, dans le commerce, des peintures phosphorescentes, à base de sulfure de calcium. En étendant ces peintures sur des lames de verre, on obtient des plaques phosphorescentes faciles à manipuler. On peut protéger le côté peint, en y appliquant un papier.

M. Gustave Hermite a obtenu des photographies phosphorescentes en exposant de telles plaques à la chambre noire, devant un paysage bien éclairé et avec un objectif rapide. On commence par laisser la plaque pendant une demi-heure dans l'obscurité, afin qu'elle soit bien éteinte. Après exposition à la chambre noire, on peut faire apparaître l'image d'une façon plus intense en projetant l'haleine sur la plaque, ou en la chauffant à 300 degrés. L'image obtenue est évidemment positive.

M. Léon Vidal a obtenu, de son côté, des positifs par contact en exposant, au châssis-presse, des feuilles de gélatine phosphorescentes derrière une gravure ou une photographie quelconque non montée, le côté gélatiné étant mis en contact avec l'image à reproduire. Pour éteindre préalablement la phosphorescence de la plaque, il suffit de la recouvrir d'une feuille de gélatine verte, et de l'exposer à la lumière pendant quelques minutes. L'épreuve positive phosphorescente peut servir à tirer des négatifs au gélatino, par contact. Pour éviter de voiler le gélatino-bromure par la lumière diffusée par la plaque phosphorescente, on recouvre d'abord celle-ci d'un papier noir; on applique sur ce papier la feuille ou la glace au gélatino-bromure, puis on retire le papier noir pour donner la pose.

Voici un procédé au moyen duquel on peut rendre lumineuses des photographies ordinaires sur papier albuminé. La photographie est rendue transparente en l'enduisant d'huile de ricin, par exemple; on enlève l'excès avec un tampon, puis on saupoudre le dos avec une poudre phosphorescente. On sèche et on colle sur carton. Si l'on expose le papier ainsi préparé à la lumière du jour, les diverses parties de l'image deviendront phosphorescentes, et d'autant plus qu'elles étaient plus transparentes. En rentrant dans l'obscurité, on apercevra donc une image lumineuse positive.

M. A. Mermet a voulu se rendre compte si la lumière émise par le ver luisant ou *Lampyris noctiluca*, était photogénique. Pour cela, il a placé dans une boîte une plaque au gélatino-bromure, et, après avoir perforé le couvercle pour assurer la ventilation, il a mis sur la plaque une femelle de ver luisant, qui y est restée enfermée pendant une nuit. Après développement, la plaque se trouva sillonnée de traînées noires indiquant le chemin parcouru par l'animal, pendant que de larges plaques noires montraient les endroits où il s'était arrêté. Le cliché a pu servir à donner un bon positif.

Nous donnons (fig. 7, page 15), une reproduction directe, par la photogravure, d'un cliché que nous devons à l'obligeance de M. Méheux. Ce cliché a été obtenu en six heures de pose à la chambre noire, à la lumière émise par les microbes de la mer phosphorescente (*Bacillus Pflüggeri*).

Fig. 7.

La préparation dont il s'agit avait été offerte à M. Pasteur par Mme Salomonsens, de Copenhague, et la photographie a pu en conserver le souvenir d'une façon aussi parfaite qu'elle est originale.

LA PHOTOGRAPHIE LA NUIT

De tous les moyens qui ont été proposés pour éclairer les modèles la nuit, un seul est véritablement à la portée de l'amateur : la combustion du magnésium. On brûlait autrefois le magnésium en rubans ; mais, comme le passage brusque de l'obscurité à une lumière intense et prolongée fait grimacer le modèle, on préfère maintenant brûler instantanément le magnésium, en l'insufflant, sous forme de poudre, dans une flamme. L'un des appareils les plus commodes à employer, est le revolver photogénique (fig. 8), qui contient une réserve de poudre de magnésium pour 20 poses. Après chaque pose, il suffit de tourner une manette pour laisser tomber dans le tube une charge de magnésium, qu'une pression sur une poire de caoutchouc envoie ensuite dans la flamme.

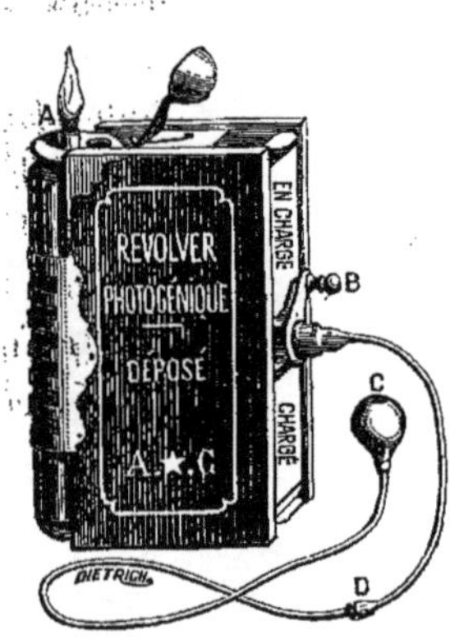

Fig. 8.

Lorsqu'un éclair n'est pas suffisant, on en donne successivement deux ou trois ; mais cette façon d'opérer, qui convient fort bien pour une reproduction, ne donne pas un bon résultat pour le portrait, car le modèle a des chances de bouger entre les poses. Il est préférable de relier ensemble plusieurs appareils, et de produire simultanément les deux ou trois éclairs. On groupera d'ailleurs les sources lumineuses des deux côtés du sujet à photographier, dans des positions telles que l'éclairage ne soit pas trop dur. Pour un portrait, on mettra, par exemple, deux charges de magnésium, l'une un peu plus forte que l'autre, à deux ou trois mètres du modèle, une de chaque côté, et à une hauteur de 20 centimètres environ au-dessus du niveau de la tête.

Il va sans dire que l'éclair magnésique ne doit jamais être visible sur la plaque ; autrement on risquerait de la voiler d'une façon complète. Pour avoir toute sécurité à cet égard, l'opérateur se place ordinairement derrière la chambre noire.

La mise au point se fait à l'aide d'une lampe ou d'une bougie, que l'on promène successivement tout autour du sujet à photographier, pour s'assurer qu'il cadre bien sur la glace dépolie. Cette lampe, placée dans un plan moyen, sert en même temps à mettre au point. S'il y a des lumières dans la salle ou l'on opère (lampes à huile ou à pétrole, bougies, becs de gaz, lampes à incandescence), il est inutile de les éteindre, à moins qu'elles ne soient dans le champ. La mise au point étant faite, on place le châssis, sans qu'il soit nécessaire de fermer l'objectif, puis on produit l'éclair. On ferme ensuite le châssis et on développe.

Les charges de magnésium à employer peuvent se calculer facilement après une expérience préliminaire, en partant de la loi des carrés des distances et en tenant compte de l'ouverture de l'objectif. Supposons qu'un objectif d'ouverture $\frac{f}{10}$ nécessite, pour faire un portrait, 0 gr. 3 de magnésium brûlé à 2 mètres du modèle. Si nous diaphragmons à $\frac{f}{20}$, et que nous voulions faire un portrait en plaçant la source lumineuse à 5 mètres, nous devrons brûler

$$0{,}3 \times \frac{20^2}{10^2} \times \frac{5^2}{2^2} = 7 \text{ gr. } 5 \text{ de magnésium.}$$

L'obtention du portrait à la lumière artificielle nécessite quelques essais préalables, au point de vue de l'effet artisque. On arrive à obtenir des clichés qui diffèrent peu de ceux que l'on fait au jour ; néanmoins, il faut, pour en arriver là, étudier avec soin les effets d'ombre et de lumière obtenus dans tel ou tel cas. Les reproductions, par contre, s'obtiennent avec la plus grande facilité. La lumière artificielle permet même de donner, d'une façon pour ainsi dire automatique, la pose exacte. On a soin de brûler la dose de magnésium en plusieurs charges successives, tout autour du modèle, afin d'égaliser l'éclairage.

On a employé avec succès, pour obtenir des instantanés à la lumière artificielle, des photopoudres, ou mélanges pyrotechniques, tels que le suivant :

Chlorate de potasse	3 gr.
Magnésium	3 gr.

Ce mélange, brûlé sur 1 gramme de coton-poudre, produit un éclair instantané. On a renoncé à ces mélanges, à cause du danger que présente leur manipulation : ils détonent par le choc, et l'on pourrait citer plus d'un accident survenu par leur préparation en grand.

Il faut convenir néanmoins que ces mélanges ont, à un moment donné, révolutionné pour ainsi dire la photographie, en permettant d'opérer la nuit comme en plein jour. Nous pourrions citer, comme exemple, une photographie obtenue par M. Paul Nadar, pendant un dîner. La photopoudre, placée dans un vase à fleurs, avait été enflammée électriquement, et l'appareil, braqué sur les invités, était placé dans l'embrasure d'une fenêtre. Une heure après, les invités, ainsi photographiés au moment où ils s'y attendaient le moins, pouvaient admirer une épreuve montée sur bristol.

PHOTOGRAPHIE AU CLAIR DE LA LUNE

Le photographe qui ne craint pas de passer quelques heures à la belle étoile peut obtenir d'assez beaux clichés à la lumière de la lune. Avec une pose d'une heure, et en employant un rectilinéaire à pleine ouverture, on peut, par une belle nuit, obtenir un cliché suffisamment complet ; ce cliché est évidemment heurté, mais il rend néanmoins l'effet qu'on peut en attendre.

LA PHOTOGRAPHIE ASTRONOMIQUE D'AMATEUR

On sait quel parti l'astronomie tire actuellement de la photographie céleste. Les belles épreuves d'étoiles de MM. Henry frères, les magnifiques photographies solaires de M. Janssen, avaient fait penser un instant que la plaque photographique deviendrait la rétine de l'astronome. C'était aller un peu loin, mais la photographie n'en a pas moins pénétré d'une façon définitive dans la plupart des observatoires ; elle permet d'obtenir l'image d'étoiles de seizième grandeur, c'est-à-dire de voir mieux que l'œil lui-même. La carte photographique du ciel, entreprise ces dernières années, sera, du reste, l'un des plus précieux documents que les astronomes de notre siècle laisseront derrière eux.

Mais la photographie astronomique, pour donner de tels résultats, demande que le photographe soit doublé d'un astronome, et qu'il possède un télescope photographique, monté parallactiquement. Certes, c'est beaucoup demander à un amateur ; mais s'il veut se contenter de résultats plus modestes, il aura, dans son bagage ordinaire, tout le matériel suffisant pour l'obtention de clichés d'astres. Nous ne croyons mieux faire, à ce sujet, que de reproduire l'article suivant, emprunté à la *Science en famille*.

« Avant l'invention des couches sensibles au gélatino-bromure, il n'était guère possible d'obtenir l'image des astres qu'au moyen d'appareils spéciaux, compliqués et animés d'un mouvement propre qui leur permettait de suivre le ciel dans son mouvement apparent. Aujourd'hui que la photographie permet de fixer les images en une fraction très minime de seconde, non seulement de tels appareils ne sont plus absolument nécessaires, mais encore un simple amateur peut, à son gré, obtenir dans cette voie d'excellents résultats.

« L'objet de la présente étude est d'examiner ce qu'on peut faire avec une simple chambre noire ordinaire, immobile, c'est-à-dire n'obéissant à aucun mouvement d'horlogerie.

I. — Des Objectifs.

« En apparence, les astres sont doués d'un mouvement très lent, et pourtant leur déplacement angulaire atteint un quart de degré en une minute. Lorsqu'ils se trouvent dans le voisinage de l'équateur céleste, ceci revient à dire que, pour l'observateur, ils sont animés de la même vitesse qu'une personne placée à 57 mètres de distance et qui avancerait perpendiculairement, au rayon visuel, de 25 centimètres en une minute. Ce déplacement, bien que faible au cours d'une seconde, est suffisant pour diminuer notablement la netteté des images. Il faut donc diminuer le temps de pose dans la mesure du possible, et ceci nous conduit à employer des objectifs à grande ouverture. Il est bon aussi que le foyer soit assez long, c'est-à-dire supérieur à 35 ou 40 centimètres, si l'on veut prendre, par exemple, une image de la *lune*.

« Le disque lunaire a pour valeur moyenne 31 minutes d'arc, soit environ un demi-degré. Son image au foyer d'un objectif est sensiblement égale en largeur au centième du foyer, de sorte qu'avec un foyer de 30 centimètres on obtiendra une lune de 3 millimètres ; un foyer de 50 centimètres donnera une image de 5 millimètres, et ainsi de suite. On voit donc que, pour obtenir une image de la Lune de 10 centimètres de diamètre, il faudrait un objectif qui aurait 10 *mètres de foyer*.

« Le meilleur objectif à employer nous semble être l'aplanétique. Avec cet objectif, la pleine lune ne demande qu'une pose de 1/50e de seconde environ.

« En diminuant l'ouverture au moyen du diaphragme, la netteté et, par suite, les détails augmentent, mais la pose est naturellement plus longue, et, en général, nous pensons qu'il est préférable d'opérer à toute ouverture.

« Les étoiles dont on peut obtenir l'image sont d'autant plus nombreuses qu'on possède un objectif plus puissant, et les petits objectifs ne peuvent guère servir que pour le Soleil, la Lune, les plus brillantes étoiles et les planètes : Vénus, Mars, Jupiter, Saturne.

II. — Chambre noire.

« En principe, les chambres noires peuvent toutes servir, mais les objectifs un peu puissants (au-dessus de 60 millimètres d'ouverture et 40 centimètres de longueur focale) ne pouvant pas s'adapter aux petites chambres, il y a avantage à employer une chambre donnant au moins le 18/24 et un tirage de 40 centimètres.

« La surface à photographier étant généralement assez petite, il est bon de se servir de châssis multiplicateurs ; on détermine comme il suit la surface de glace à employer.

« La dimension de la Lune sur la glace dépolie est égale, à fort peu près, à un centième du foyer de l'objectif. Comme elle mesure en moyenne 31', soit un demi-degré, il s'ensuit qu'un degré couvrira sur la glace une largeur double, soit 1/50 du foyer. Munis de ces données, supposons que nous voulions prendre simultanément une image de la Lune et de Jupiter le 8 avril 1887, à Paris, entre deux et trois heures du matin. La lune passe, en ce moment, à 3 degrés environ au nord de Jupiter. Il suffira donc d'une glace de 6 1/2 × 9 pour photographier les deux astres, puisque leur distance se traduira sur le cliché par un écartement de 3 centimètres, si le foyer de l'objectif est de $0^{m},50$; avec un objectif de 30 centimètres de longueur focale, la distance des deux images ne serait que de 18 à 20 millimètres. Il est donc facile de savoir quelle dimension de la plaque il convient d'employer.

« La mise au point exacte étant essentielle, il est bon d'ajouter que les meilleurs repères pour l'obtenir sont les étoiles brillantes assez rapprochées. Le groupe des Pléiades est excellent, celui des Hyades aussi. Il en est de même des étoiles formant la ceinture d'Orion. La mise au point est parfaite quand on distingue le plus nettement possible, sur la glace dépolie, les étoiles les plus proches. Elles paraissent comme de petits points brillants.

III. — Pied de la Chambre.

« Les astres ayant leur maximum d'éclat lors de leur passage au méridien, c'est-à-dire au moment où il sont le plus élevés au-dessus de l'horizon, il est bon, autant que possible, de choisir ce moment pour les photographier.

« Les pieds ordinaires ne peuvent guère être utilisés dans ce but, puisqu'ils sont disposés pour soutenir une chambre horizontale, et il est nécessaire de créer un dispositif qui permette de soutenir solidement la chambre avec une inclinaison de 20, 30, 50, 60 degrés,... au-dessus de l'horizon.

« Une table suffit pour cela. On y attache la chambre au moyen de courroies et, en la soulevant sur les pieds de devant, qu'on fait reposer sur deux chaises, une fenêtre ou tout autre appui, il est facile de lui donner une assez forte inclinaison.

« Ce moyen, disons-le tout de suite, suffisant pour des petites inclinaisons, n'est pas pratique pour les inclinaisons supérieures à 25 ou 30 degrés. La stabilité de la table n'est plus assez grande, e le moindre choc suffit pour renverser tout le système péniblement échafaudé. Il est facile de créer sans grandes dépenses des systèmes beaucoup plus pratiques et qu'on peut avantageusement employer pour des inclinaisons allant jusqu'à 70 et même 80 degrés.

« Prenons une planche assez forte, de la dimension exacte de la chambre, et portant, à l'avant et sur les côtés, des rebords hauts de quelques centimètres. Cette planche est fixée à charnières par la partie postérieure correspondant à la glace dépolie, sur le bord d'une table. A la partie antérieure, correspondant à l'objectif, nous fixerons de chaque côté une vis assez longue que nous n'enfoncerons pas entièrement et que nous laisserons, au contraire, dépasser d'un centimètre environ. Ces deux vis seront engagées dans les fentes longitudinales pratiquées dans deux planchettes fixées à la table et placées verticalement. On conçoit que, dans ces conditions, notre planche à rebords sera fixée à sa partie postérieure, et pourra se mouvoir de bas en haut et *vice versa* par sa partie antérieure. On l'arrêtera à tel point qu'on jugera utile, par un simple serrage de vis. Il ne nous restera plus, dès lors, qu'à engager la chambre noire entre les rebords de la planche pour avoir un appareil un peu primitif, peut-être, mais qui, néanmoins, satisfera à tous nos besoins et auquel nous pourrons donner telle inclinaison qu'il nous plaira.

« Un autre pied commode se composerait d'un pilier de bois terminé par une genouillère métallique sur laquelle la chambre pourrait être maintenue dans n'importe quelle position. Il va sans dire que le pilier devrait être solidement fixé.

« D'autres genres de pieds pourraient être construits. Il suffit, du reste, d'avoir essayé pour trouver des dispositifs commodes et pratiques, et nous nous bornerons aux quelques indications ci-dessus, bien certain que nos lecteurs sauront les approprier à leur usage.

IV. — Glaces.

« Les meilleures glaces à employer sont plus les rapides, à la condition qu'elles restent très pures, qu'elles soient exemptes de tout défaut et qu'elles soient susceptibles de donner des contrastes très accusés.

V. — Pose.

« La pose varie tellement, suivant les astres à reproduire, qu'il est très difficile de donner des chiffres précis, la pratique seule pouvant indiquer, suivant les cas, la meilleure durée d'exposition. On peut dire que la *pleine lune* ne demande qu'un cinquantième de seconde avec un aplanétique ordinaire muni d'un grand diaphragme. Si l'on n'a à sa disposition aucun obturateur rapide, on peut prolonger la pose en se servant d'un diaphragme plus petit. Il faut alors s'exercer à enlever le *bouchon* de l'objectif et à le remettre à la main avec toute la rapidité possible, sans ébranler la chambre.

« Les étoiles visibles à l'œil nu sont photographiées en une fraction minime de seconde, mais elles ne sont visibles sur le cliché que comme des points minuscules. Pour arriver à reproduire leur image sur papier, il faut donc dépasser sensiblement l'exposition strictement nécessaire, mais on est condamné alors à n'avoir que des images plus ou moins allongées, en raison de leur déplacement pendant la durée de la pose. Une ou deux secondes suffisent, du reste, pour les étoiles de première grandeur, aux environs du pôle.

« L'intensité du sillon tracé par l'étoile sur la couche sensible

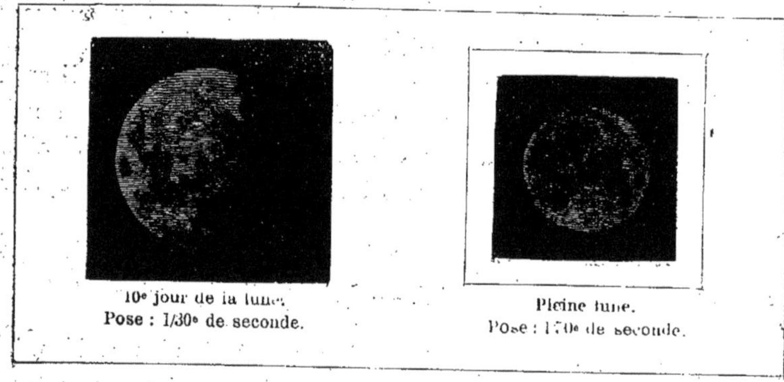

10e jour de la lune.
Pose : 1/30e de seconde.

Pleine lune.
Pose : 1/70e de seconde.

Fig. 9 et 10. — Deux Photographies de la lune obtenues par un amateur.
(Objectif aplanetique dédoublé).

est proportionnelle à sa grandeur et en raison inverse de la rapidité de son déplacement. Il s'ensuit que l'évaluation de la grandeur exacte des étoiles par ce moyen, présente de réelles difficultés, à moins que les astres comparés se trouvent à des distances égales du pôle.

« Quant au Soleil, il est assez facile d'en prendre les images. La seule difficulté consiste à réduire la pose à son extrême limite ; si elle est trop longue, aucun détail n'est visible et l'image est simplement un cercle noir qui donne sur le papier un disque absolument blanc. Néanmoins, au moyen des obturateurs très rapides (1/500e de seconde, au moins), et en diaphragmant l'objectif, on arrive à reproduire les plus grandes taches et à conserver une image exacte des éclipses. Il est toujours préférable pourtant de photographier le soleil par *projection* : un oculaire grossissant est adapté au foyer de l'objectif, et l'image, agrandie par cet oculaire, est mise au point sur la glace dépolie. »

Le développement et le tirage des épreuves n'offrent rien de particulier. Comme il s'agit de clichés très transparents, il est préférable de tirer à l'ombre.

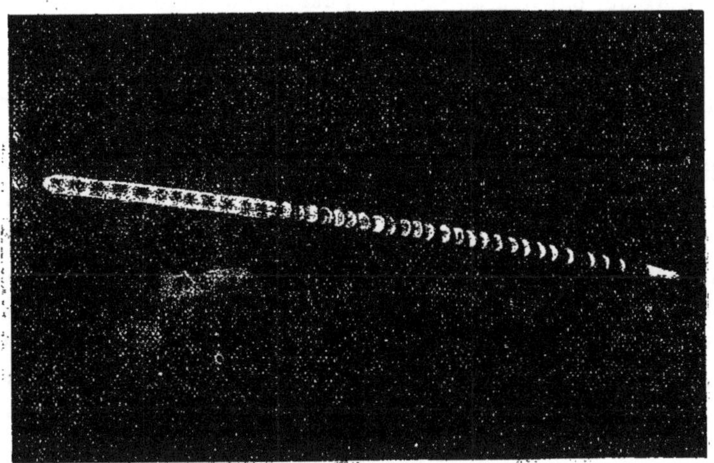

Fig. 11.

Nous reproduisons ci-dessus deux photographies de la Lune, obtenues au moyen du dispositif qui vient d'être décrit.

La figure 9 montre une intéressante photographie d'une éclipse de lune, obtenue de la même façon par MM. P. Dumont et A. Bergeret. Une série d'images de la Lune ont été obtenues en ouvrant l'objectif pendant un temps court, à des intervalles réguliers, de sorte que toutes les phases de l'éclipse sont reproduites sur la même plaque. Comme on le voit, l'objectif est resté ouvert pendant un certain temps au début de la pose.

PHOTOGRAPHIE DES PHÉNOMÈNES MÉTÉOROLOGIQUES

La photographie est très propre à fixer certains phénomènes météorologiques ; elle permet, entre autres, de conserver la trace de ceux qui ont lieu au sein des nuages, où la lumière est ordinairement très vive. C'est ainsi que l'on peut photographier l'arc-en-ciel, avec une pose très courte. Des clichés de nuages peuvent être obtenus également, avec des poses qui correspondent à la limite extrême des obturateurs rapides. On a soin, d'ailleurs, de diaphragmer le plus possible, afin de pouvoir donner la pose d'une façon plus exacte. Il va sans dire qu'il est impossible d'avoir à la fois et le ciel et le paysage, le premier étant infailliblement voilé si l'on donne la pose exacte pour le dernier. On peut obtenir des ciels au moment du lever et du coucher du soleil, la lumière jaune ou rougeâtre qu'il émet à ce moment étant assez peu photogénique pour que le soleil puisse, sans inconvénient, être pris sur la plaque. Il faut, naturellement, choisir le moment où le soleil est très bas à l'horizon, et poser très peu : on s'exposerait, autrement, à obtenir des images complètement grises, ou à avoir une inversion de l'image du Soleil, qui viendrait en noir sur l'épreuve.

De l'observatoire du Pic du Midi, M. Janssen a photographié divers phénomènes météorologiques, et en particulier des mers de nuages, dans lesquelles les sommets les plus élevés de la chaîne pyrénéenne s'élèvent comme autant d'îlots.

Le halo solaire, le halo lunaire, les trombes, ont été photographiés ; enfin, les photographies d'éclairs ont révélé des détails intéressants sur leur constitution ; nous reviendrons, du reste, sur ce sujet, à propos des photographies d'étincelles.

La série des phénomènes « photographiables » est loin d'être épuisée, et le champ reste ouvert aux amateurs. Pour n'en citer que deux exemples, nous rappellerons que l'*Electrician,* de Londres, remarquant avec raison combien était grand le nombre de photographes qui sont arrivés à faire des éclairs sur la plaque sensible, demandait quel serait le premier qui « kodakerait » le feu Saint-Elme. Nous en demanderions autant pour les mirages, que l'on rencontre assez fréquemment, non seulement dans les

Fig. 12. — Mirage de la tour Eiffel, observé le 6 décembre 1889.
Gravure extraite de l'*Astronomie*, Gauthier-Villars, éditeur.

pays chauds, mais encore dans notre atmosphère. Ne serait-il pas plus rationnel de les fixer par la photographie au lieu d'avoir à les reproduire par le dessin, comme nous le faisons ci-dessous, ne fût-ce que pour en donner un avant-goût ?

PHOTOGRAPHIE DE L'INVISIBLE

On sait que les rayons qui impressionnent le mieux les plaques sont ceux qui appartiennent à l'extrémité violette du spectre solaire ; mais l'action photogénique se continue bien au delà de la limite visible du spectre. Il s'ensuit que l'on peut photographier des objets éclairés par des rayons ultra-violets, invisibles pour l'œil, mais visibles pour le gélatino-bromure.

On pourrait, pour cela, produire un spectre à l'aide d'un prisme à forte dispersion, puis placer l'objet à photographier un peu au delà du violet, et masquer avec un écran toute la partie visible du spectre. Mais il est plus facile d'utiliser la propriété que possèdent certaines substances — et en particulier l'argent en couche mince — d'absorber tous les rayons visibles, en ne laissant passer que l'ultra-violet. Si, par exemple, on éclaire un buste en plâtre blanc, par de la lumière solaire ayant traversé une lame de verre argenté, ce buste, invisible pour l'œil, pourra être photographié avec une pose d'un quart d'heure. Il va sans dire que l'on met au point en éclairant d'abord avec la lumière naturelle.

Une des expériences les plus intéressantes que l'on puisse exécuter ainsi, est la photographie de l'arc voltaïque. Le régulateur électrique étant enfermé dans une lanterne à projection, on projette l'image de l'arc sur la glace dépolie d'une chambre noire ; on intercale le verre argenté, et l'image devient invisible ; on place une glace sensible, et l'on peut photographier l'arc avec une pose relativement rapide.

Il est probable que l'on pourrait ranger dans le même ordre de phénomènes ces photographies sur lesquelles on découvre des détails qui étaient invisibles à l'œil sur le modèle. Un exemple curieux est le suivant, cité par Vogel : une dame se fait photographier : l'opérateur trouve son cliché criblé de points noirs. Nouvelle pose, même résultat ; peu de temps après, la dame mourait de la petite vérole. Ce fait mériterait d'être contrôlé par une série d'observations attentives, et peut-être, dans certains cas d'épidémie, pourrait-on en tirer parti.

On peut réaliser des expériences intéressantes au sujet de la photographie de l'invisible, en reproduisant à la chambre noire de l'écriture faite avec une dissolution saturée de sulfate de quinine. Le sulfate de quinine possède, comme on sait, une magnifique fluorescence, c'est-à-dire qu'il convertit les rayons violets et ultra-violets, par exemple, en rayons bleus, abaissant ainsi leur pouvoir photogénique. Si donc l'on écrit avec une dissolution de sulfate acide de quinine, sur un bristol blanc, et qu'on photographie ce bristol (après y avoir tracé un trait de crayon pour mettre au point), le fond viendra, sur le cliché, plus foncé que les traits, bien que ceux-ci soient invisibles à l'œil.

LA PHOTOMINIATURE

Pour peindre les photographies, soit à l'aquarelle, soit à l'huile, il est nécessaire de posséder à fond la pratique de la peinture. Il en est tout autrement si, après avoir rendu transparente l'épreuve photographique, on la peint au dos. Les couleurs peuvent alors s'appliquer en teintes plates, et l'effet obtenu est néanmoins charmant. Ce procédé constitue la photominiature ; nous pensons que les détails suivants, empruntés à la plume de M. Blin (1), intéresseront nos lecteurs :

« La photominiature se fait sur verre ; chaque portrait demande trois verres de la même dimension et généralement ovales. L'épreuve est collée par sa face sous le premier verre ; la peinture est exécutée sur un papier collé sur le deuxième verre, et le troisième verre est intercalé entre les deux premiers pour donner et maintenir entre eux un écartement résultant de son épaisseur. Quand le travail est terminé, on réunit ces trois verres par une bande de papier mince collée sur leur tranche, de manière à n'en faire qu'un tout, et on le place dans un cadre dont l'ouverture est exactement celle de la dimension des verres employés.

« Voici maintenant la manière de procéder.

« La première opération consiste à décoller la photographie du carton sur lequel elle est fixée ; rien de plus facile, car il n'y a qu'à la plonger dans une assiette pleine d'eau chaude, mais non bouillante ; il faut avoir soin de renouveler l'eau, qui doit toujours être au moins tiède ; il est important de ne pas forcer ce décollage ; mieux vaut attendre que la photographie, saisie par un coin, se détache du carton sans résistance, car il est essentiel de ne pas écorcher le papier. Dès qu'elle est enlevée, il faut débarrasser le papier de toute trace de colle, et pour cela, laissant l'épreuve dans l'eau tiède, passer le doigt dessus en frottant légèrement jusqu'à ce que la colle soit partie ; ce lavage doit être fait soigneusement quand le carton était plâtreux et a laissé sur le

(1) *La Science en Famille.*

papier des placards de pâte blanche; il faut renouveler l'eau tiède et terminer par un rinçage à l'eau bien propre.

« Mettre alors la photographie dans du papier buvard blanc et la laisser sécher complètement.

« Il faut maintenant la couper à la dimension du verre; pour cela, placer le verre (nous supposons qu'il s'agit d'un portrait-carte en buste, et d'une photominiature ovale) sur la photographie, et chercher la manière dont le portrait s'inscrit le mieux possible dans l'ovale.

« Règle générale, le menton du portrait doit être au centre de cet ovale.

« Tracer au crayon le contour du verre et découper le papier en se tenant en dedans du trait.

« Nous arrivons à l'opération principale, celle de la transparence à donner à l'épreuve. On trouve dans le commerce des matières toutes préparées pour cet usage. Ce sont des compositions à base de cire ou de baume de Canada, que l'on étend sur l'épreuve de la façon suivante : On place au-dessus d'une lampe à alcool une plaque de cuivre de 15 à 20 centimètres de côté, et de 2 millimètres d'épaisseur. Sur cette plaque, on met un morceau de verre plat d'une forme quelconque, plus petit que la plaque de cuivre et plus grand que la photographie, actuellement découpée en ovale.

« Dès que ce verre est chaud, on promène à sa surface l'extrémité du bâton de matière à transparence; celle-ci fond immédiatement et s'étend en couche sur le verre; il suffit que la surface enduite soit égale à celle de la photographie; il n'en faut pas trop mettre, et du reste quelques essais renseigneront vite sur la quantité qu'il en faut étendre. Prendre alors la photographie et la coucher sur cette matière en fusion, la face contre le verre; avec la lame d'un couteau à palette, on appuie sur le papier pour obtenir l'adhérence; en même temps on recueille la matière qui déborde le papier et on en enduit le dos du portrait; au besoin on passe encore sur celui-ci le bâton de matière.

« Peu à peu, la photographie devient transparente; il faut attendre qu'elle le soit complètement, dans toutes ses parties; cela dépend

le plus souvent de l'épaisseur du papier; il est utile de veiller à ce que la lampe n'amène pas une chaleur excessive qui puisse brûler.
ou roussir l'épreuve; cet accident est, d'ailleurs, facile à éviter.

« Pendant que cette opération s'accomplit, on a nettoyé le verre choisi pour recevoir la photographie; aussitôt que celle-ci est arrivée à la transparence absolue, on place, sur un coin de la plaque de cuivre, le verre ovale nettoyé de manière à le bien faire chauffer aussi; on promène alors à la surface le bâton de matière à transparence pour le recouvrir également d'une couche de cette matière fondue, laquelle, en même temps, sert de colle; immédiatement, avec le bout du couteau à palette, on enlève la photographie et on l'applique sur le verre. Un certain nombre de bulles d'air resteront emprisonnées entre le verre et l'épreuve; pour les faire disparaître, laisser d'abord refroidir le verre, afin d'amener la congélation de la matière; puis, promenant ce verre au-dessus de la flamme de la lampe à esprit de vin, on en réchauffe une partie pour refondre légèrement la pâte à cet endroit, et de suite par dessous et avec le dos de l'ongle du pouce droit, on chasse vers les bords les bulles d'air, ainsi que l'excédent de matière; on fait de même tout autour du portrait, partant toujours du centre en poussant vers les bords et en ayant soin de ne ramollir ainsi la pâte que le moins possible et seulement par petites portions de la surface.

« On nettoie en même temps le dos de la photographie et le verre au moyen d'un linge fin imbibé d'essence de lavande; il est important qu'il ne reste entre le verre et l'épreuve que la quantité de matière nécessaire au collage, et que le dos du portrait soit bien plan et complètement débarrassé de toute trace de la pâte.

« Cette opération achevée, il ne reste plus qu'à s'occuper de la peinture.

« Elle se fait sur un papier blanc collé sur un deuxième verre; on peut à volonté procéder à l'aquarelle, à la gouache ou à l'huile; nous conseillons la gouache pour la facilité et la rapidité d'exécution. En tous cas, cette peinture n'offre aucune difficulté et ne demande qu'un talent très relatif, car elle s'exécute largement et par teintes plates. Mais, quel que soit le genre de peinture adopté, il va sans dire qu'on ne peut y procéder qu'à la condition d'avoir, au préalable, reporté sur le papier qui le recevra, un croquis exact des contours du portrait dont il s'agit. Quant au moyen d'obtenir ce croquis, il y a là une question de décalque et de report qu'on peut résoudre de vingt moyens différents et pour laquelle chacun agira à sa convenance; l'important est de bien faire coïncider le portrait avec ce croquis, en plaçant les deux verres l'un sur l'autre; il n'est pas nécessaire de beaucoup détailler ce dessin, et il ne faut que cerner d'un trait de crayon les diverses parties du portrait qui seront de couleur différente; on pose alors ces couleurs bien à leur place et sans modeler aucunement.

« Il ne serait pas possible d'indiquer ici les tons à choisir; c'est une affaire de sentiment artistique, et l'on trouvera tous les renseignements possibles à cet égard dans n'importe quel traité de peinture. Nous donnerons seulement quelques indications sommaires, parce qu'elles sont spéciales à la photominiature. On commencera par recouvrir tout ce qui correspond aux chairs du portrait, d'un ton composé de blanc de gouache et d'un peu d'ocre rouge: la première couche bien sèche, on en donnera une seconde; sur ce ton de chair on posera quelques hachures de terre de Sienne brûlée dans les ombres et de bleu très pâle dans les parties fuyantes; un peu de carmin ou de vermillon au milieu des joues; il n'est utile de faire sur le papier, ni la bouche, ni les yeux, ni les oreilles; l'emplacement des cheveux sera recouvert d'une teinte ocre jaune, s'il s'agit de cheveux blonds: de brun de Van Dyck pour des cheveux bruns. Les parties qui correspondent aux vêtements noirs seront peintes en bleu de Prusse foncé; le fond sera traité à pleine pâte, d'un ton gris verdâtre ou bleuâtre, selon qu'on le jugera meilleur, en ayant toujours soin de le tenir plus clair du côté où le portrait est lui-même dans l'ombre.

« D'une manière générale, il ne faut pas craindre de donner des tons crus et même un peu criards au travail fait ici sur ce dessous, car cette peinture devant être vue au travers de la photographie transparente, le modelé de celle-ci atténuera suffisamment ce qu'il y aurait, sans cela, de discordant et de choquant à opérer ainsi.

« Il faut souvent juger de l'effet obtenu, en plaçant la photographie sur la peinture, mais ne pas oublier de toujours placer en même temps le troisième verre entre elles.

« Arrivée à ce point, la peinture du portrait est fort avancée, mais il peut encore lui être donné plus de vigueur en la complétant par quelques coups de pinceau donnés sur le dos même de la photographie; il est d'ailleurs des détails qu'il faut absolument faire là; ainsi le coloris des lèvres, des yeux, des lumières dans les cheveux, dans les linges, les bijoux, les reflets chauds dans les ombres, tout cela se fait sur le dos de l'épreuve; il faut seulement avoir soin de n'y employer que des couleurs transparentes et ne plus se servir de gouache, sauf pour les vives lumières des linges, des cheveux, des bijoux; encore doit-on en être très sobre.

« Une difficulté se présentera au moment où l'on essaiera de peindre ainsi — à l'eau — sur l'envers de la photographie : la couleur refusera de s'étendre, absolument comme elle le ferait sur un corps gras. Pour tourner cet obstacle, il suffit, avant de peindre, de passer sur le portrait le pinceau imbibé de salive ; on procède en frottant légèrement et on laisse sécher; la couleur prendra alors et s'étendra comme sur n'importe quel papier.

« Il arrivera souvent que, sous l'influence de la salive, la transparence s'atténuera; elle semblera voilée, ce qui changera l'aspect du résultat déjà acquis à ce moment; il n'y a pas lieu de s'en préoccuper ; il faut néanmoins travailler ainsi le dos de la photographie comme nous le disons plus haut, et, quand on aura terminé, il ne faudra que chauffer *très légèrement* le verre pour rendre à l'épreuve sa transparence primitive.

« La photominiature est alors terminée. »

LA PHOTOGRAPHIE INSTANTANÉE

La photographie instantanée offre, à elle seule, un vaste champ de récréations. Nous n'entrerons pas dans tous les détails relatifs à la façon d'opérer; nous ferons remarquer seulement que la

Fig. 12.

vitesse d'obturation doit être proportionnelle à la vitesse de déplacement du sujet, et inversement proportionnelle à sa distance à l'objectif. Cette règle impose de ne point photographier des objets trop rapprochés. Si l'on ne vise qu'à l'effet obtenu, on choisira, dans la période d'un mouvement que l'on veut photographier, une phase où la vitesse de déplacement n'est pas trop grande. Nous donnerons comme exemple l'instantané ci-contre (fig. 12). Il est évident que le sauteur aurait été moins net s'il avait été photographié au moment où il allait toucher terre.

On a essayé de construire des appareils *secrets* pour la photographie instantanée. Nous ne citerons pas les détectives, dont il existe des centaines de modèles, qui se trouvent maintenant dans toutes les mains ; mais nous mentionnerons quelques formes originales, telles que :

La *montre photographique*, appareil à plusieurs tirages, se fermant à la façon d'une longue-vue, et pouvant tenir dans un gousset.

Le *photo-éclair*, chambre circulaire à plusieurs poses, se pla-

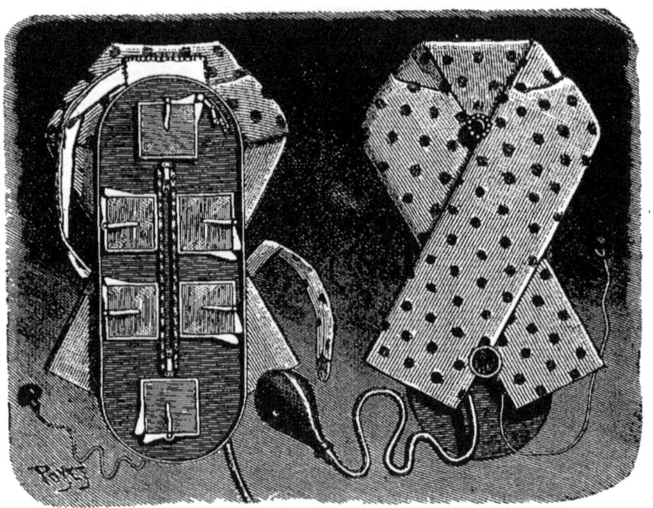

Fig. 13.

çant sous le gilet, l'objectif dépassant à la façon d'un bouton.

Le *revolver photographique*, arme d'ailleurs inoffensive, mais propre à inspirer la terreur au modèle qui se voit sur le point d'être photographié à l'improviste.

Le *chapeau photographique*, chambre noire montée au fond d'un chapeau, avec ouverture pour l'objectif à la partie supérieure.

La *jumelle photographique*, ayant l'apparence d'une jumelle de campagne, mais l'une des branches est disposée de façon à recevoir un minuscule châssis, pendant que l'autre branche est munie d'un verre dépoli pour la mise au point.

La *cravate photographique* (fig. 13, p. 36), au sujet de laquelle la gravure ci-jointe nous dispense de toute explication.

M. Hermann Fol a construit un *fusil photographique*, formé de deux chambres noires 9 × 12 juxtaposées, l'une servant pour la mise au point, l'autre pour l'impression. Le tout est monté sur une crosse et s'épaule comme une carabine.

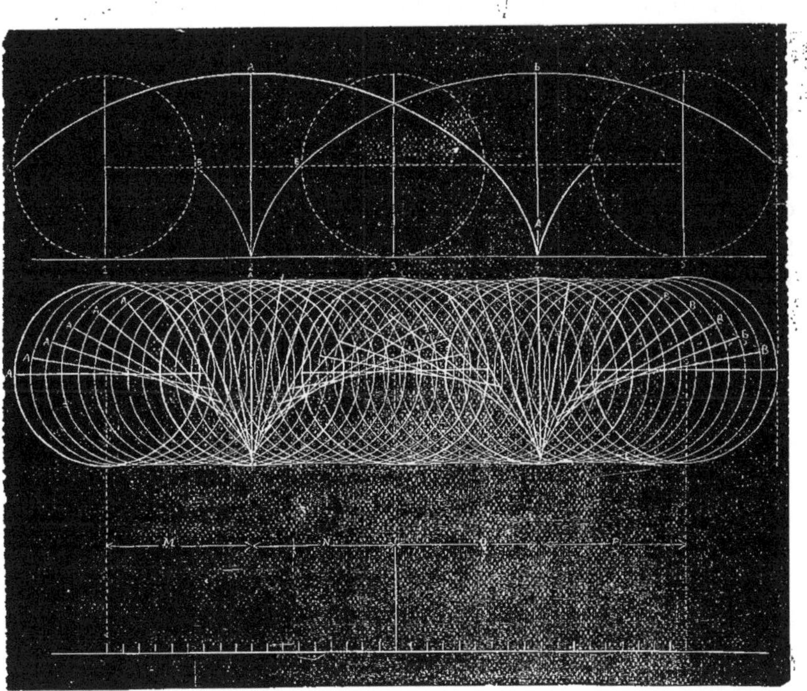

Fig. 14.

La photographie instantanée a rendu de nombreux services à la science ; il nous suffira de citer les applications que Marey en a faites à l'étude de la marche et du vol des animaux.

Dès 1882, Muybridge, de San-Francisco, photographiait un clown huit fois dans l'intervalle d'un saut périlleux.

Les photographies de projectiles, obtenues instantanément par MM. Mach et Salcher, à la lumière d'une étincelle électrique, montrent nettement l'onde de compression qui précède le projectile et le sillage qui le suit.

La photographie instantanée des pièces d'artillerie au moment du tir a montré, sous forme de lignes brillantes, des fragments de poudre qui n'avaient pas été brûlés entièrement dans l'âme. Elle a ainsi permis de contrôler la combustion des explosifs dans l'âme d'un canon.

Quand on photographie instantanément une roue de voiture, on remarque que la partie inférieure de la roue est beaucoup plus nette que la partie supérieure. Ce fait s'explique facilement. Si on considère le dessin figure 14, page 37, où la roue a été figurée dans ses positions successives, dans l'intervalle d'un tour complet, on remarque que, au début, par exemple, le point A de la jante décrira, dans l'intervalle d'un demi-tour, la courbe de la partie supérieure de la figure, tandis que le point B ne décrira que la petite courbe en forme de V dont le sommet est en 2.

LA PHOTOGRAPHIE EN BALLON, EN CERF-VOLANT, ETC.

On a songé depuis longtemps à faire des levés topographiques au moyen de la chambre noire, placée verticalement sur la nacelle d'un ballon, et les premiers essais dans cette voie sont dus, croyons-nous, à M. Nadar. En 1884, M. Cécil V. Shadbodt a obtenu, en Angleterre, des résultats dignes de remarque. En 1885, MM. Gaston Tissandier et Jacques Ducom ont pu, de la nacelle d'un ballon, obtenir, en 1/50e de seconde, des clichés ne laissant rien à désirer au point de vue de la finesse. Les épreuves regardées à la loupe laissent voir les détails des maisons, les passants sur les routes, etc. M. Pinard, MM. Ch. et P. Renard et Georget, M. Weddel, MM. Tissandier et P. Nadar, en continuant à chercher dans cette voie, ont obtenu de nombreuses épreuves, dont la plupart sont absolument parfaites. Le temps de pose a pu être réduit jusqu'à 1/250e de seconde.

La photographie peut se faire en ballon monté ou non monté. Dans le premier cas, un appareil léger est suspendu à un petit ballon captif, et déclanché électriquement au moment convenable. Tel est l'appareil Triboulet, qui permet de relever tout le tour d'horizon au moyen de six appareils panoramiques, tandis qu'un septième appareil, vertical, relève le plan. L'ensemble de la nacelle est relié au ballon par une suspension à la Cardan.

Les appareils disposés en ballon monté, libre ou captif, n'ont rien de particulier. Il est bon que les opérateurs évitent de faire bouger la nacelle au moment de la pose, bien que celle-ci soit rapide; les appareils choisis sont toujours d'un format moyen, afin d'éviter toute difficulté au moment d'une descente difficile.

M. Arthur Batut a donné une solution intéressante du problème de la photographie à grande hauteur. Le ballon est remplacé par un grand cerf-volant de $2^{m},50$ de longueur, muni d'une longue queue qui lui assure une grande stabilité, et qui supporte un petit appareil, du poids de 1,200 grammes. Le déclanchement de l'obturateur se fait par la combustion d'une mèche d'amadou. L'altitude est donnée par un baromètre enregistreur. En même temps que le déclanchement a lieu, une bande de papier, qui tombe en se détachant de l'appareil, vient avertir l'opérateur que l'opération est terminée, et qu'il peut redescendre le cerf-volant.

M. Amédée Denisse a cherché à arriver au même résultat, d'une façon beaucoup plus simple, en enlevant la chambre noire par une fusée volante. Cette photo-fusée, parvenue à la fin de son ascension, brûle une mèche qui produit le déclanchement de l'obturateur en même temps qu'elle détermine l'ouverture d'un parachute qui sert à la descente de l'appareil. Cette ingénieuse disposition permettrait le lever photographique des plans, avec un matériel relativement simple.

Fig. 14. — Photographie par cerf-volant, d'après un cliché de M. Arthur Batut.

LA PHOTOGRAPHIE SANS OBJECTIF

Il est curieux que, après avoir abandonné pour l'objectif la chambre noire primitive de Porta, dans laquelle l'image réelle était fournie par une simple ouverture circulaire, on ait reconnu que cette chambre noire possédait, dans certains cas, des avantages particuliers sur l'objectif. Le champ obtenu est, en effet, parfaitement rectilinéaire, la même ouverture peut servir

Fig. 16.

avec différents tirages et fonctionne, par conséquent, comme une trousse disposant de tous les foyers possibles entre des limites assez étendues; enfin, l'angle embrassé peut être considérablement plus grand qu'avec les meilleurs grands angulaires.

Telles sont les qualités particulières qui avaient frappé M. Méheux, lorsque, en 1881, il fit ses premiers essais de photographie sans objectif. L'ouverture qui lui sembla convenir le mieux fut un trou de $0^{mm},3$ de diamètre, bien circulaire, à bords tranchants, percé dans une plaque métallique. Une série d'ouvertures de diamètres différents, percées dans la même plaque, permet d'ailleurs de faire choix de celle qui donne le maximum de netteté. Il va sans dire que la pose est assez longue, et se compte souvent par minutes. La lumière est presque toujours trop faible pour qu'on puisse aisément voir l'image sur la glace dépolie : il n'y a d'ailleurs pas de mise au point ; mais, comme il importe de faire cadrer le sujet sur la glace, on emploie pour cela une ouverture de 2 ou 3 millimètres de diamètre, que l'on remplace, au moment de la pose, par l'ouverture plus fine, donnant plus de netteté.

La figure 15, page 41, est une reproduction par la photographie d'une épreuve obtenue sans objectif, et que nous devons à l'obligeance de M. Méheux. Le cliché a été obtenu dans des conditions qui montrent jusqu'à quelle simplicité peut être réduit le matériel de photographie sans objectif. La chambre noire était formée d'une simple boîte de carton, au fond de laquelle la glace sensible était retenue avec de la cire ; le couvercle était percé d'une ouverture et muni de la plaque métallique avec trou de $0^{mm},2$ de diamètre. La pose à été de 1 minute (distance focale $0^{m},05$). Il est bien évident que le gélatino-bromure seul peut être employé avec le trou ; les produits d'une sensibilité moindre exigent des poses qui rendent le procédé absolument impraticable.

M. le capitaine Colson a, de son côté, obtenu des résultats intéressants en ce qui concerne la photographie sans objectif. Il a indiqué la relation suivante qui relie le diamètre d de l'ouverture, à sa distance f à la glace dépolie

$$f = \frac{d^2}{0{,}00081 - \frac{D^2}{d^2}}$$

D étant la distance de l'objet à reproduire.

Lorsqu'il s'agit de paysage, comme c'est presque toujours le cas, D peut être considéré comme infini, et la relation prend la forme,

$$d^2 = 0{,}0081\ F,$$

F étant alors le foyer principal,
relation qui montre que la rapidité du système est d'au-

tant plus grand que *d* est plus petit; autrement dit, s'il y avait possibilité de faire de l'instantané avec ce système, ce serait avec de petites ouvertures et très courtes distances focales.

Les figures 17 et 18 montrent un appareil dit sténopé, com-

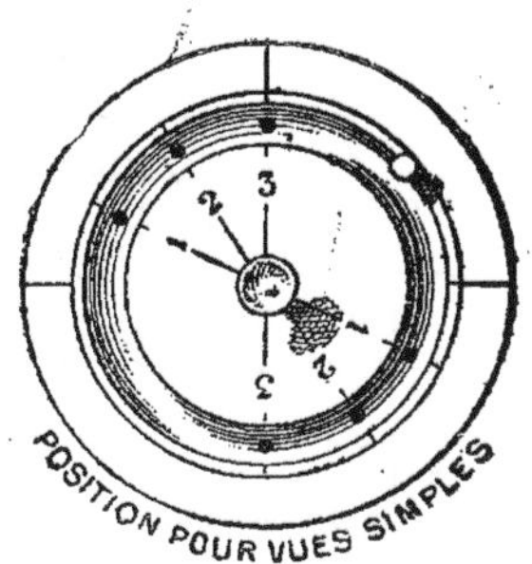

Fig. 17. Fig. 18.

posé d'une plaque métallique circulaire percée de plusieurs trous de grandeurs différentes. Les deux trous percés à l'extrémité du même diamètre sont les mêmes, et la plaque est mobile autour de son centre. Ce dispositif permet d'utiliser 3 ouvertures au choix, pour l'obtention d'épreuves, soit simples, soit stéréoscopiques. La figure 19 représente une chambre noire munie du sténopé.

Fig. 19.

M. Léon Vidal a dressé une table des temps de pose pour opérer sans objectif. Nous donnons page 45 cette table, qui évite tout calcul, et permet d'opérer avec plus de sécurité que lorsqu'on donne la pose au jugé, comme on le fait trop souvent.

« Le n° 10 est la belle lumière (plein soleil), le n° 1 est une lumière dix fois moindre ; et de 9 à 2, on a les degrés intermé-

Mesure du temps de pose pour la Photographie sans objectif, par Léon VIDAL

Sensibilité des Plaques LUMIÈRE (marque bleu) prise pour base)

Ouvertures en fractions de millimètres	Distances focales en centimètres	TEMPS DE POSE POUR LES DIVERS DEGRÉS DE LUMIÈRE DONNÉS PAR LE PHOTOMÈTRE									
		10	9	8	7	6	5	4	3	2	1
		m s	m s	m s	m s	m s	m s	m s	m s	m s	m s
3/10	10 centim.	20	25	25	29	33	40	50	1. 6	1.40	3.20
	11 »	24	26	30	34	39	48	1	1.19	2	4
	12 »	29	32	36	41	48	58	1 12	1.36	2.25	4.50
	13 »	34	37	42	48	56	1. 8	1.25	1.53	2.50	5.40
	14 »	39	43	48	55	1. 4	1 18	1.37	2. 9	3.15	6.30
	15 »	45	49	56	1. 3	1.14	1.30	1.52	2.29	3.45	7.30
	16 »	52	57	1. 5	1.13	1.26	1.42	2.10	5.53	4.20	8.40
	18 »	1. 5	1.11	1.21	1.32	1.47	2.10	2.42	3.36	5.25	10.50
4/10	20 »	1. 2	1 8	1.17	1.28	1.52	2. 4	2.35	3.26	5.10	10.20
	22 »	1.15	1 22	1.33	1.46	2. 4	2.30	3. 7	4. 9	6.15	12.30
	24 »	1.30	1.40	1.52	2. 7	2.29	3	3.45	5	7 30	15
	26 »	1.45	1 55	2.11	2.29	2 54	3.30	4.22	5.49	8.45	17.30
	28 »	2. 2	2.14	2.32	2.53	3.24	4. 4	5. 5	6.46	10.10	20.20
5/10	30 »	1.52	2. 3	2.20	2.30	3. 5	3.44	4.40	6.12	9.20	18.40
	32 »	2. 8	2.20	2.40	3	3.32	4.16	5.20	7. 6	10.40	21.20
	34 »	2.24	2.38	3	3.24	4	4.48	6	8	12	24
	36 »	2.42	3	3.22	3.50	4.28	5.24	6.45	9	13.30	27
	38 »	3	3.18	3.42	4.15	4.58	6	7.30	10	15	30
	40 »	3.20	3.40	4.10	4.44	5.32	6.40	8.20	11. 6	16.30	33
	42 »	3.40	4.20	4.35	5 12	6. 6	7.20	9.10	12.12	18	26
6/10	44 »	3.20	3.40	4.10	4.44	5.32	6.40	8.20	11. 6	16 30	33
	46 »	2.38	4	4.32	5. 9	6	7.16	9. 5	12. 5	18.10	36.26
	48 »	4	4.24	5	5 40	6.38	8	10	13.19	20	40
	50 »	4.24	4.50	5.30	6.14	7.18	8.48	11	14.39	22	44
	52 »	4.37	5	5.46	6.33	7.39	9.14	11.32	15.22	23. 5	46.10
	54 »	5	5.30	6.15	7. 6	8.18	10	12.30	16.39	25	50
	56 »	5.17	5.48	6.36	7.30	8.46	10 34	13.12	17.35	26.30	53
	58 »	5.50	6.25	7.17	8.17	9 41	11.40	14.35	19.25	29.10	58.20
7/10	60 »	5.20	5 52	6.40	7.30	8.51	10.40	13.20	17.45	26.20	53.20
	62 »	5.42	6.16	7. 7	8.5	9.27	11.24	14.16	19	28.30	57
	65 »	6.16	6.53	7.50	8.53	10 24	12.32	15.40	20.52	31	1 h 2m
	68 »	7	7.42	8.45	9.56	11.37	14	17.30	23.18	35	1 h 10m
	71 »	7.25	8. 9	9.16	10.31	12.22	14.50	18.32	24.41	37	1 h 14m
	74 »	8	8.48	10	11.21	13.16	16	30	26.38	40	1 h 20m
	77 »	8.44	9.36	11	12.24	14.29	17 28	21.30	28.44	43	1 h 27m
	80 »	9.30	10.27	11.52	13.29	15.46	19	24	31.38	48	1 h 35m

diaires. Qand on n'a pas de photomètre, ces degrès sont appréciés au jugé. Si, entre la plaque et le trou, on a dix centi-

Fig. 20. — La Porterie du Palais des Ducs de Lorraine, à Nancy.
Reproduction par l'héliogravure d'un cliché sans objectif de la Maison J. Royer, de Nancy
NOTA. — Ouverture, 2/10es de diamètre; longueur focale, 25 centimètres; éloignement du sujet, 15 mètres environ; temps de pose, 3 minutes. — Temps couvert.

mètres de distance focale, le tableau indique qu'il faudra poser vingt secondes en pleine lumière. Il faudrait poser 1 minute 5 secondes si, au lieu d'être à dix centimètres, on était à dix-huit centimètres de l'ouverture, toutes choses égales d'ailleurs. »

LA PHOTOGRAPHIE SANS CHAMBRE NOIRE

La chambre noire figure en tête de toute liste de matériel photographique, et certes l'on pourrait croire qu'il est impossible de faire un cliché sans cet appareil de première utilité. Eh bien, il n'en est rien, et la chambre noire, c'est-à-dire l'intervalle absolument obscur qui sépare l'objectif de la plaque, n'est pas rigoureusement indispensable. Supposons un objectif monté en face d'un écran blanc, et y donnant l'image d'un sujet quelconque. Cette image est visible à condition que la lumière diffusée par les objets environnants soit faible relativement à celle qui passe par l'objectif. Cette condition est facile à réaliser en recouvrant l'ensemble d'un voile noir, sans qu'il soit nécessaire que ce voile soit complètement étanche à la lumière. Une plaque photographique exposée dans les mêmes conditions donnera, évidemment, la même image; mais il faudra avoir soin, bien entendu, de ne découvrir la plaque que pour la pose; en un mot, d'obturer sur la plaque au lieu d'obturer sur l'objectif. On obtient ainsi d'assez bons clichés, au voile près, bien entendu.

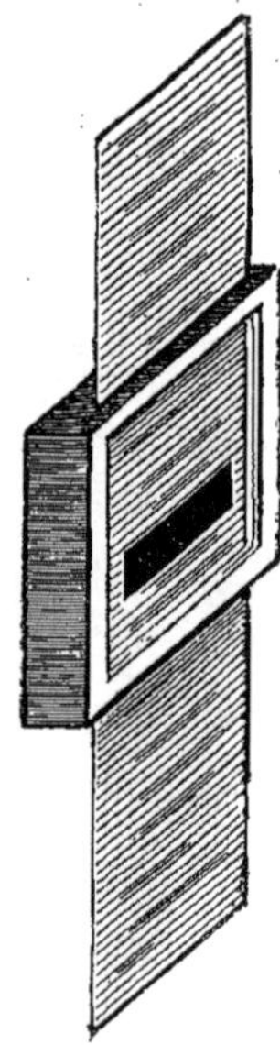

Fig. 21.

Il ne faut pas se dissimuler que la suppression de la chambre noire ne simplifie pas sensiblement le matériel photographique, l'objectif et la plaque devant être réunis d'une manière rigide : ainsi la base de la chambre, l'avant et l'arrière, doivent subsister; or, il est bien évident que la suppression du soufflet n'est pas de nature à alléger de beaucoup le bagage ni a réduire considérablement son volume : aussi ne signalons-nous cette façon d'opérer que comme une curiosité, d'autant plus que l'obturation sur de grandes plaques n'est guère pratique.

Paris. — Imp. [illegible], pass. du Caire.

Les Récréations Photographiques PL. I

Phot. J. Royer Nancy.

L'Art en Photographie

Phototypie J. Royer, Nancy.

L'Art en Photographie

www.ingramcontent.com/pod-product-compliance
Ingram Content Group UK Ltd.
Pitfield, Milton Keynes, MK11 3LW, UK
UKHW021504260726
13993UKWH00004B/1549